AF232629

QUE DEVIENDRA LE MONDE

SI

L'ANGLETEERE

SUCCOMBE DANS SA LUTTE

CONTRE LA FRANCE.

Traduit de l'allemand, avec des notes par
M. J. WEILER.

A PARIS.

Chez Dabin, libraire, Palais du Tribunat.

Juin — 1806.

EXAMEN DE LA QUESTION:

QUE DEVIENDRA LE MONDE

SI

L'ANGLETERRE

SUCCOMBE DANS SA LUTTE

CONTRE LA FRANCE (a).

La grande question qui occupe aujourd'hui tous les politiques est de savoir *ce que deviendra le Monde si l'Angleterre succombe dans sa lutte contre la France*. Cet événement leur fait craindre le comble des maux, les trônes s'écroulent et sur leurs débris ils voient s'établir la monarchie universelle, parce qu'avec la chûte de l'Angleterre disparaît tout contre-poids, toute opposition en état de contre-balancer la France.

Ces craintes tomberaient d'elles-mêmes, si l'on voulait examiner avant tout, avec quel fondement on peut attribuer à la France le desir de subjuguer l'Angleterre; mais on aime mieux se laisser aller à des chimères que d'entamer de bonne foi la discussion de cette question.

Les mêmes chimères paraissent avoir dominé

l'auteur du *nouveau Léviathan* ; car il ne propose rien de moins dans le quatrième livre de cet ouvrage que de permettre à l'Angleterre de faire des acquisitions de riches mines d'or et d'argent. Mais une opposition entre les richesses numériques et les richesses nationales entraînerait en Angleterre la chute de la constitution et de la dette publique , le résultat en serait un changement total dans l'esprit public , puisque du moment que le gouvernement cesserait d'être le débiteur de la nation , toutes les haines qu'elle porte aux autres peuples s'effaceraient pour faire place à des sentimens libéraux que le gouvernement a intérêt d'étouffer. Cette mesure, d'ailleurs est contraire à l'esprit qui l'a toujours animé de ne faire aucune acquisition de mines d'or et d'argent. L'intérêt du moment est celui de tous les gouvernemens , l'Angleterre n'en a pas d'autre , la sagesse des siècles se brise devant ce Dieu , le seul que connaissent les puisssances (B). Il y a donc tout à parier que le projet de l'auteur du nouveau Léviathan ne trouvera aucun accès auprès du cabinet anglais. Il porte sa condamnation en lui-même comme contraire à la constitution et sous ce point de vue , il ne doit pas même se flatter qu'on l'examinera , quelqu'avantage qu'il qu'il présente , considéré dans son influence sur l'existence politique de l'Angleterre. Il n'a pu sortir que d'une plume exercée à traiter des grands

intérêts des nations, on y reconnaît l'homme su-
périeur qui a pénétré le labyrinte de la constitution
d'Angleterre, et qui ne pouvant sauver le gouvernement a cru devoir le sacrifier à l'existence
politique de l'état.

Dans la situation où en sont les choses dans
ce moment, la grande tâche de la France est
de vaincre l'Angleterre par l'énormité de sa dette
qui surpasse 600 millions sterlings. Jamais problême plus important n'a pu et ne pourra être
résolu par l'homme public. Si l'on se représente
cette dette sous l'image d'un fleuve, le ministre
anglais doit s'efforcer de rouler ses eaux de
manière qu'il n'en résulte que du bien pour ceux
qui lui ont confié leurs plus chers intérêts. La
besogne de Napoléon, au contraire, est de briser
la force de ce fleuve et de le faire refluer vers
sa source. L'entreprise du ministre anglais offre
des facilités considérée dans son ensemble, celle
de Napoléon est hérissée de difficultés insurmon-
tables sous quelque point de vue qu'on l'envisage :
Les travanx d'Hercule ne sont rien, comparés
avec elle. La force du génie doit briser la force
dés choses. Ici la subordination n'offre pas comme
ailleurs un point d'appui, il faut créer, rien que
créer et cette création est la destruction.

Plus on approfondit la nature de cette double
entreprise, plus on doit croire que des motifs
personnels bien puissans dirigent la conduite du

chef auguste des Français et celle du premier ministre Anglais. L'examen de ces motifs est l'objet de ce traité, et ils se réduisent aux points suivans.

On ne peut disconvenir que la révolution française ne soit le résultat nécessaire de toutes les réactions du système colonial français sur l'intérieur de la France ; ou pour mieux dire, que c'est le produit de l'opposition qui s'y établit entre la noblesse héréditaire et la noblesse des richesses, du moment que cette dernière prit une part active au commerce d'outre-mer. Si donc l'on peut regarder la révolution comme terminée, la France offre à l'égard de son chef le caractère d'une souveraineté dont toutes les bases sont l'égalité politique des citoyens. L'examen le plus sévère ne met point en défaut ce principe et toute la force publique en émane. L'existence de l'état semble même y être attachée et toutes les institutions tendent à le sanctionner. Le système féodal ne pourra se relever en France, tant que ces institutions y seront en vigueur. Mais malheureusement le tems détruit tout, et le concordat et la légion d'honneur ne seront pas toujours ce qu'ils sont aujourd'hui. L'Angleterre d'ailleurs ne dort point. Si jamais elle parvient à détacher la France de ses colonies, si une flotte après l'autre est détruite, comme celle de Trafalgar ; qui garantit à la France que la même cause qui a fait disparaître

le droit féodal, en traînant sur ses pas la révolution ne le fasse revivre par l'effet des pertes que je
suppose ? Ce n'est pas cependant que des difficultés
bien grandes ne l'attendent sur son chemin ; mais
le passé sert de guide pour l'avenir , tout le monde
sait comment ce droit s'est établi et quelles vicis-
situdes il a éprouvées. Le principe constitutif de
la forme actuelle du gouvernement français né-
cessite de laisser à chaque citoyen un degré de
liberté politique , sans laquelle les bases de la
souveraineté du chef de l'état qui résident dans
l'égalité politique , n'offrent point de consistance
solide. Mais cette liberté doit se concilier avec la
culture des colonies et les progrès du commerce
d'outre-mer auquel tous les citoyens sont appelés
à prendre part : quelques chères que doivent être
à Napoléon ses créations sociales, quelque plaisir
que lui fasse le titre d'empereur des Français,
tout lui rappelle que des intérêts plus grands
doivent l'occuper tout entier, et que ces intérêts
consistent à vaincre l'Angleterre. Elle seule con-
trarie encore ses vues, elle seule a intérêt à ramener
l'ancien régime en France, qui seul lui garantit une
existence dans le système politique de l'Europe.
Il faut croire que Napoléon s'est assez pénétré de
cette vérité, pour se convaincre qu'il n'existe que
ce seul moyen de sauver et de maintenir ses institutions. Il ne serait plus Napoléon s'il pouvait
céder aux prétentions des Anglais , ne pas frapper

le coup qui seul peut prouver qu'il s'est compris lui-même. Fréderic II se battit pendant sept ans contre toute l'Europe, pour conserver à la Prusse la belle Silésie, qu'il regardait comme le garant de son existence politique; le même intérêt fait un besoin à Napoléon, des colonies, d'une marine et du commerce maritime, et tous ses efforts doivent tendre à reconquerir Saint-Domingue, ce point central du système colonial français, quand même il devrait y sacrifier vingt années de sa vie.

De son côté, l'Angleterre doit de plus en plus s'efforcer de vaincre la France. Qu'on lise le nouveau Léviathan, on verra quel faisceau invincible forment la constitution et la dette publique de l'Angleterre. L'auteur part comme d'un point géométrique, pour établir les bases de son système. Si vous lui accordez les premières propositions, vous ne pouvez que croire que tous les malheurs sous lesquels gémit l'Europe, sont l'ouvrage de la dette de l'Angleterre. La puissance du cabinet anglais est dans son crédit, son commerce, l'empire des mers et les emprunts qu'il commande. S'il méconnait un instant ces bases d'existence nationale, il prononce son arrêt de mort, il doit par suite être l'ennemi de tous les gouvernemens et de tous les peuples qui aspirent au commerce, et aux avantages qu'il procure. La France sur-tout, qui ne peut pas s'en passer doit être l'objet de sa haine, et cette haine augmente en raison des efforts qu'elle fait pour en avoir. Mais l'Angleterre doit voir tous les ans s'accroître sa dette, elle ne peut donc que haïr à proportion tous les peuples qui contrarient ses vues, et tous les moyens doivent être trouvés bons aux yeux du premier ministre anglais, pourvu qu'ils le conduisent à résoudre le grand problème dont il est chargé. La morale, tous les principes du droit des gens doivent donc être subordonnés à ses calculs de grandeur et de prospérité nationale inséparable de l'existeuce politique de l'état et du gouvernement. Ces calculs manquent-ils leur effet, les généraux ne secondent-ils pas ses desseins, ou bien les subsides sont-ils payés sans fruit, tous les crimes doivent être à sa solde pour vaincre la destinée en opposition avec lui. De ces mesures dépendent le salut de l'état et la maxime du gouvernement doit être de s'isoler de plus en plus pour mieux frapper le coup qu'il médite. Il ne lui reste que cet expédient d'après l'impossibilité qu'il y a de traiter avec lui. Si les gouvernemens avaient été mieux instruits sur les ressorts et les résultats de la constitution de l'Angleterre, il y a lieu de croire que les choses n'en seraient pas venues à cette extrémité.

Deux grands buts tout-à-fait différens doivent se proposer Napoléon et le premier ministre anglais. La représentation de Napoléon se confond dans une souveraineté dont les bases sont l'égalité

politique des citoyens, qu'il est obligé de maintenir, pour se maintenir lui-même (D). La représentation du ministre Anglais s'amalgame avec
une non-souveraineté dont toutes les bases sont
l'opposé de la première sans en être moins im-
périeuses pour l'existence politique de l'état (E).
Ces vues différentes nécessitent des efforts non-
moins différens, mais qui ne doivent pas moins
s'accorder avec le principe qui leur est particulier.
Napoléon et le premier ministre anglais peuvent
se deviner réciproquement, mais tout rappro-
chement devient impossible entr'eux. La France
est assez vaste pour assurer sa liberté politique,
l'Angleterre n'a point de garant de sa constitution
dans l'Univers entier. Tous les ans, ses besoins
augmentent, et il faut les contributions du monde
entier pour y satisfaire. Qu'on juge d'après cela
si jamais les deux cabinets de France et d'An-
glerre peuvent se réunir, s'il ne faut pas au contraire
que l'une ou l'autre puissance périsse dans le com-
bat à mort qu'elles sont prêtes à se livrer. Les
chances seront en faveur de le France, du moment qu'aucune diversion sur le continent n'arrê-
tera le bras vengeur de Napoléon. Cette époque
n'est pas loin, et le rétour de la paix continentale
qui avait été troublée vers la fin de l'an dernier
en est un sûr garant. Que la Russie conserve une
morgue contre la France, ses efforts seront im-
puissans pour rallumer les feux de la guerre sur

le continent, les revers de l'Autriche lui ont trop bien appris à connaître ses intérêts, pour servir ses desseins et son exemple sera suivi par tous les autres gouvernemens. Mais la Prusse! mais comment la Prusse pourra-t-elle épouser la cause de la Russie, lors que toute sa conduite a prouvé de quel œil elle regardait la guerre entre la France et l'Angleterre, et combien il lui paraissait impolitique de faire une diversion en faveur de l'Angleterre? Rien de plus naturel que la Russie s'érige de puissance protectrice qu'elle était, en puissance souveraine des Sept-Isles-unies; mais qu'elle ne se flatte pas d'entraîner la Prusse à seconder ses desseins. Ce cabinet connaît trop bien ses intérêts pour s'aveugler à ce point. Si donc la Russie ne trouve point d'appui dans la Prusse, ne faut-il pas croire que les autres puissances continentales s'aviseront encore moins de faire une diversion contre la France! La guerre doit donc se borner à la lutte entre celle-ci et l'Angleterre, et lorsque l'échec de Trafalgar est réparé par les derniers succès obtenus sur le continent, toutes les chances de cette guerre ne doivent-elles pas être en faveur de la France? La Prusse et peut-être aussi d'autres puissances. pourront à la vérité desirer que l'Angleterre soit comprise dans la paix générale; mais tous leurs bons offices ne rendront pas la France dupe d'un second traité semblable à celui d'Amiens. La guerre continuera donc comme par le passé : tout en fait une loi à la France, comme le seul moyen de maintenir sa liberté politique, elle est même attachée à la chûte de l'Angleterre, n'importe les moyens qui l'opèrent. Si une descente ne paraît pas devoir conduire à ce but, il faut que la ruine du commerce et du crédit de l'Angleterre, en entraînant la banqueroute, produise ce résultat.

Je n'ignore point qu'on redoute le comble des maux de cet événement, l'apparence tenant lieu de la réalité. Mais bien loin que la chûte de la constitution et de la dette publique de l'Angleterre soit un mal pour l'Europe, je vais prouver sans réplique que sa gloire et son bonheur en dépendent.

D'abord la France ne peut point gagner en puissance par la chûte de l'Angleterre. Elle est assez forte par elle-mème pour ne pas desirer de plus grands succès sur le continent. Son despotisme, si jamais elle en a eu, n'a eu qu'une source, celle de ses rapports avec l'Angleterre. Si ces rapports cessent son despotisme tombe de lui-même; car depuis cent cinquante ans, il est provoqué par l'Augleterre, parce qu'elle avait intérêt à contrarier ses vues, à détourner son attention de la marine, des colonies et du commere, en la plongeant dans des guerres toujours nouvelles et non moins désastreuses pour ses ennemis que pour elle-même. Mais telle est la destinée de l'Angleterre , que tout caractère national lui donne de l'ombrage, ce caractère donne de l'essor aux ames. Il faut le briser pour parvenir à son but. Il n'y avait pas de raison pour accuser la France d'aspirer à la monarchie universelle. Ce cabinet ne pouvait ni ne devait méconnaître qu'il n'avait pas le moyen de l'embrasser, et encore moins de la maintenir en supposant que le succès eût couronné cette entreprise. Cette vérité est si bien démontrée que, s'il avait pu en concevoir l'idée, le cabinet anglais aurait été le premier à en seconder l'exécutiou , pour mieux assurer celle qu'il méditait lui-même. La monarchie universelle considérée d'après son volume est un poids immense propre à écraser la puissance qui y aspire. Ce n'était point là le but de l'Angleterre , elle en aurait volontiers laissé le volume à la France , en s'en réservant la quintessence si le succès avait mieux secondé ses vues. Cependant elle n'y a pas mal réussi ; mais si la coustitution venait à s'écrouler au moment où elle croirait l'avoir assise sur des bases inébranlables , c'est alors qu'on verrait à la fois toutes les puissances continentales se détacher d'elle, pour embrasser la cause de la France qui est la leur. Cette heureuse révolution rendrait la France à elle-même, elle se livrerait avec sécurité au commerce, à la marine , à l'exploitation de ses colonies , et moins occupée sur le continent, elle accorderait

volontiers une plus grande liberté, devenue impossible dans l'état actuel des choses. Que ceux
qui doutent de ces résultats, veuillent bien examiner de sang froid les motifs du contraire dont
on accuse la France, ils verront que tout son
despotisme n'a eu pour cause que d'éclairer, de
forcer même les puissances continentales à reconnaître leurs véritables intérêts, sur lesquels l'or
et l'argent, ou une faiblesse impardonnable leur
avaient fasciné les yeux. Toutes les guerres,
j'entends parler de la dernière, ont toujours été
entreprises par une politique peu éclairée, et
tous les hommes sages n'ont pu que gémir sur
ces égaremens faute de moyens d'en tarir la
source.

Les forces de l'Angleterre ne sont pas celles de
l'empire britannique dans les deux mondes. Ce
n'est qu'autant qu'on connait ces dernières qu'on
peut se faire une idée des suites qu'amène la
ruine de la constitution d'Angleterre. L'histoire
n'offre point de fait aussi extraordinaire depuis
que le monde existe. L'Univers entier prend une
autre face si jamais cet événement arrive, et il
sera bien difficile, sinon impossible que la France
le fasse servir exclusivement à son profit. Plus
fortes qu'elle les choses iront toujours leur train
et dans l'impuissance de mettre la grande main
sur tout ce qui était jusqu'à présent le domaine
exclusif des Anglais, tous les peuples dont l'essor
a été brisé par leur despotisme concourront à en

jouir comme d'un appanage commun. Le Dane-
marck, la Suède, la Russie même qui a le plus
contrarié le chef des Francis, applaudiront à ses
efforts pour terrasser le léopard britannique. C'est
contre l'Angleterre, et non contre la France, que
les Gustave, les Alexandre auraient du tourner
leurs armes, leurs regrets viennent trop tard, leur
aveuglement a mieux servi Napoléon que toute
alliance qui leur aurait fait partager sa gloire. Ils
ont sacrifié le bonheur de leurs peuples à des
considérations particulières incompatibles avec
le haut rang dont ils sont revêtus. La Russie est
loin encore de prendre ce grand essor qui l'appelle du néant à la vie, son tiers-état est nul,
comme la liberté du commerce entravée par-
tout par l'influence du cabinet anglais. Jamais
la politique russe n'a été en défaut comme pendant la dernière guerre, et aujourd'hui.

Mais quel garant a-t-on, j'entends s'écrier de
toutes parts, que la France n'exercera pas sur
mer un empire plus absolu que l'Angleterre?
Cette question est résolue d'avance par sa constitution. Si elle vous offre les mêmes données qui
déterminent le despotisme de l'Angleterre, crai-
gnez son retour en France; autrement votre
question devient inutile. Mais la constitution
française ne présente pas même l'ombre du despotisme qu'on lui prête. Il n'y a donc pas à craindre
que jamais la France marche sur les traces de

l'Angleterre. Les lois ont séparé en Angleterre le pouvoir législatif du pouvoir exécutif, le peuple aurait vu dans leur réunion le despotisme sur le trône, et il n'en voulait point.

Il était impossible d'asseoir sur des bases solides cette séparation sans ôter au roi les deniers de la nation, sans le borner à une liste civile, et enfin sans rendre nécessaire le consentement de la nation ou du parlement pour toute nouvelle levée d'impôts. On en vint donc à cette extrémité sans songer que les rois retrouveraient dans les affaires du dehors de quoi se dédommager bien amplement de ce qu'ils venaient de perdre d'autorité dans l'intérieur. Il n'y avait que deux moyens pour parvenir à ce but, le premier était d'écraser la nation d'impôts; le second un système d'emprunts toujours renaissans, pour attacher son existence à toutes les chances de la destinée liée aux affaires du dehors. Les rois préférèrent le dernier moyen (F); et le résultat en fut une dette de plus de 600 millions de livres sterlings contractée dans l'espace de cent vingt ans, dont il faut payer les intérêts pour maintenir et accroître chaque jour le crédit public. De là ce despotisme sur mer, qui seul fait trouver au gouvernement les sommes nécessaires pour payer les intérêts de la dette publique et diriger à son gré les cabinets de l'Europe. Quelle différence entre cette position et celle de la France qui trouve dans sa constitution un contre-poids contre tout despotisme, tandis que celle d'Angleterre en renferme tous les élémens dans la séparation des pouvoirs, qui tôt ou tard sera le tombeau des états de l'Europe (G). Par cette séparation, l'Angleterre est une véritable polyarchie, comme la France par leur réunion, est une véritable monarchie. La différence de ces deux constitutions ne peut manquer d'amener un jour des résultats favorables à l'espèce humaine en Europe (H). Ce qui détermine le despotisme de l'Angleterre, c'est son système d'emprunt et la dette qui en est inséparable. La France n'est point dans cette hypothèse, son gouvernement est monarchique, elle veut le conserver, et elle ne le peut qu'autant qu'elle écarte tout système d'emprunt dans le sens de celui qui a été adopté par l'Angleterre. Fidelle à ce principe, il est impossible que la France devienne jamais despotique, et à en juger par les flots de sang que lui a coûtés sa liberté politique, l'on ne peut douter qu'elle n'étende ce bienfait à tous les autres peuples. Il est contre la nature d'un bon gouvernement qu'il se constitue débiteur de la nation : cela seul explique l'impossibilité que jamais le cabinet de France adopte un pareil système, et tous les autres gouvernemens en feront autant. Le gouvernement anglais ne manque peut-être de libéralité, que parce que sa pauvreté au milieu des richesses nationales qu'il a intérêt à protéger pour sa propre conservation, lui en fait la loi.

L'esclavage nous a abrutis au point que nous tremblons devant l'heure de la liberté comme de la mort. Nos libérateurs sont pour nous des anges exterminateurs, des tyrans qui nous livrent, lorsqu'ils n'ont à cœur que de nous rendre la vie et le bonheur. Qu'on examine les causes de la misère publique, de tous les fléaux accumulés sur l'Europe; n'est-ce pas cette montagne de papier, cette dette publique inséparable de la constitution d'Angleterre, et elle ne s'écroulerait pas ! La source de nos maux est dans la disproportion désastreuse qui existe entre le numéraire et le papier. Elle est l'ouvrage de l'Angleterre, et elle ne peut disparaître qu'avec sa constitution, sa dette publique et son système d'emprunts qui fond tous les rapports de l'Univers en elle. Les théories les plus absurdes ont été enfantées, tant l'or et l'argent de cette puissance avaient fait croire à l'impossibilité de briser ses fers. Dans ce nombre figure notamment celle de M. *Leopold Krug*, dans son traité *sur la richesse nationale de la Prusse, et sur l'aisance de ses habitans*. Il n'y règne qu'une idée, mais qu'elle idée ! La Prusse ne serait rien dans moins de dix ans si le gouvernement pouvait l'embrasser. L'auteur condamne ses manufactures, ses fabriques, parce qu'elles ne peuvent soutenir la concurrence de

célles d'Angleterre, par l'effet de son système
d'emprunts qui tue tout autour de lui. Il ne lui
suffit pas d'isoler l'agriculture de l'industrie générale de l'état, il veut encore qu'elle achète chez
l'étranger tous les objets de fabrique nécessaires
à la consommation, en donnant contre des ma-
tières premières, dont le superflu assure des bé-
néfices certains.. De pareilles absurdités ne peuvent trouver leur pardon que dans la tête d'un
professeur de statistique qui n'a rien de commun
avec un homme d'état. Je rougis de rappeller
ici la joie que nous ont causée les nouvelles de
la prise des colonies françaises et hollandaises,
la perte de tant de vaisseaux français sautés en
l'air ou amenés dans les pors d'Angleterre. Nous
redoutons le despotisme de la France, la perte
de ses colonies nous transporte hors de nous-
mêmes, et ce sont ces mêmes colonies qui nous
débarrassent de l'excédent de sa population, qui
nous garantissent notre existence politique, en
même tems qu'elles nous procurent à un prix
plus modéré tous les agrémens de la vie par
l'effet d'une concurrence utile ! Que dis-je, n'est-
ce pas le fruit de notre propre industrie qui est
la proie des Anglais, ainsi que cela vient d'ar-
river avec la prise des vaisseaux de registres
espagnols dont les pauvres habitans des montagnes
de la Silésie sont les victimes malheureuses.
Non, jamais l'industrie allemande ne pourra

prospérer tant qu'il y aura un peuple jaloux de toute autre prospérité que la sienne. Trop long-tems le cabinet britannique a abusé de notre indulgence, bientôt nous ne serions réduits qu'au produit de nos champs abandonnés faute de manufactures et de fabriques qui les vivifient.

Il s'en faut donc de beaucoup que la ruine de la constitution d'Angleterre soit la perte de l'Europe, lorsqu'il est prouvé que cet événement seul en assure la paix et le bonheur. Tous les principes du droit des gens ont été méconnus de nos jours. Tout le monde croyait posséder cette science, parce que tout le monde en parlait ; mais si l'on en avait eu des idées saines, aurait-on jamais séparé le droit des gens continental du droit maritime, et celui-ci du droit public. O comble du délire que rien n'explique si ce n'est la pauvreté et la faiblesse de la plupart des états de l'Europe, la ruine totale de tout équilibre entre le papier et l'argent ! Que fallait-il de plus pour assurer des partisans à l'Angleterre, lorsque ce ver rongeur forçait tout le monde de se jetter dans ses bras ? Si jamais on parvient à s'en guérir, que de reproches n'aura-t-on pas à se faire d'avoir pu croire au respect de l'Angleterre pour le droit des gens, tout homme impartial convient déjà qu'elle ne prospère que par le mal-aise général.

Il n'y a plus de moment à perdre pour tarir

la source de tant de maux, le désespoir marche à leur suite. Des scènes impossibles à prévoir doivent être le résultat d'un état prolongé de ces souffrances pour lequel il n'y aurait de remède que dans une dissolution générale des états de l'Europe (J). Voulez-vous en attendre l'époque, ou préférez-vous une existence paisible dans une sainte ligue contre l'ennemi commun ? L'Angleterre ! Sans doute que la haine, l'envie, toutes les passions malfaisantes prêteront des intentions sinistres au grand homme qui a conçu ce vaste dessein ; mais tel a été le sort des bienfaiteurs des peuples, tel doit être celui de Napoléon incomparable comme la tâche qu'il s'est imposée. Non, jamais il n'a pu avoir d'autre plan que de mettre en vigueur les principes éternels du droit des gens qui n'ont existé jusqu'à présent que sur le papier.

O vous habitans de l'Allemagne méridionale qui avez payé si cher les fautes d'une politique contraire à vos véritables intérêts (L) ne vous laissez point aller à la douleur qui vous accable. Votre bien-être n'est pas détruit sans retour, la paix va vous rendre à vous-mêmes, à votre industrie, vous y trouverez de nouveaux moyens d'agrandir la somme de vos jouissances et ce bienfait sera d'autant plus grand qu'il sera plus durable. Les feux de la guerre semblent être éteints pour long-tems. Une nouvelle coalition en faveur de l'Angleterre devient impossible, livrée à elle-même elle succombera dans sa lutte contre la France, et ce succès vous garantit tous ceux que vous avez droit d'attendre de la chûte d'un gouvernement en opposition avec eux. Vous retrouverez au centuple le bien-être qui vous a fui, une fois que votre industrie pourra reprendre son essor par la révivification de tous les canaux de la vie sociale desséchés par la disparition du numéraire qui est entre les mains des Anglais. L'histoire n'offre point d'exemple que jamais gouvernement se soit trouvé au pouvoir du commerce. Plus le commerce était le domaine du petit nombre, plus les peuples en ont éprouvé d'inconvéniens et les époques les plus heureuses pour eux ont toujours été celles où il n'était point lié à aucune classe de citoyens en particulier.

Cette heureuse époque s'ouvre pour nous. Le citoyen du monde se félicite d'avance d'être témoin d'aussi belles destinées ; et vous tous qui avez été victimes de l'or corrupteur de l'Angleterre, vous devez vous en consoler en pensant que la liberté ne s'achète, comme le paradis, qu'à force de sacrifices et que c'est vivre deux fois que d'en oublier jusqu'au souvenir (M).

NOTES DU TRADUCTEUR.

(A).

L'Auteur aurait du prendre pour épigraphe : *Quot capita, tot sensus* ; car d'après les difficultés que présente la solution de ce problême, d'après encore l'esprit de parti qui préside au jugement du grand nombre , il n'y a pas de doute que cette solution n'offre autant de prise à la critique que la vie de l'homme public qui consacre ses veilles au bonheur de ses semblables. D'ailleurs dans l'état où en sont les choses, dans l'abîme où semblent se perdre les ressorts des gouvernemens, il n'appartient guère à l'individu, mais au gouvernement seulement à pénétrer ceux qui meuvent l'état d'Angleterre, ils doivent-être connus de Napolèon, et lui seul peut résoudre le grand problême dont il est question.

(B).

La sagesse des siècles est la vérité et rien n'est bon que la vérité et que ce qui en émane. D'après cela , comme les hommes ne sont point la vérité, ce qui est vrai est rarement bon pour eux , et toute l'histoire prouve que ce principe est vrai en sens inverse , c'est-à-dire que tout ce qui est bon est vrai. Les denx principes se touchent néanmoins dans un même point ; et c'est dans ce point qu'il est vrai de dire que *ce qui est bon est vrai,* et *que ce qui est vrai est bon.*

(C).

L'Angleterre se trouve dans le cas d'un homme attaqué dans son existence et à qui tout est permis pour sa propre conservation. Cette position est l'ouvrage de sa constitution, de sa dette intimément liée avec sa constitution. Les suites n'en n'ont pû être prévues ; mais elles existent, et il n'y a du remède que dans le mal même. Cette position est en même tems l'effet de toutes les combinaisons de destruction et de despotisme qui en dépendent. Ce qui a été dans le principe l'ouvrage du hasard est aujourd'hui celui de la réflexion qui tue de sang froid tout ce qu'elle rencontre.

(D).

Le grand homme qui se met à sa place en franchissant tous les intermédiaires qui le séparent du trône, semble avoir en lui-même assez de moyens pour s'y maintenir. S'il prend des mesures pour garantir à l'état ses institutions, s'il en ajoute de son propre fonds, ces institutions ne peuvent que consolider son ouvrage, mais ne semblent pas indispensables pour assurer son existence.

Les bons princes chez tous les peuples n'ont formé qu'une personne morale avec eux, et tant que leurs droits ont été les mêmes avec ceux de leurs sujets, l'état et le gouvernement ont éprouvé tous les bienfaits résultans de l'unité des moyens qui tendent au même but. Cette heureuse amalgame des droits du prince avec ceux du peuple est le garant de la tranquillité générale, qui donne la vie, et le mouvement à l'état, qui assure à tous la somme des jouissances qu'ils sont en droit d'attendre de l'emploi de leurs moyens physiques et moraux. L'égalité des droits se confond ici dans ceux du prince qui dort d'un sommeil paisible au milieu d'un peuple adoré. Le grand homme qui commence une dynastie dans sa personne se survit à lui-même dans ses institutions, et ces institutions sont la loi ou plutôt les mœurs publiques plus fortes et plus durables que la loi. Ses successeurs ont un chemin tracé pour jouir tranquillement de son ouvrage, et tant que son esprit plane sur leurs têtes, les mêmes principes de vie et de mouvement semblent animer la machine politique.

Si cet heureux accord entre le peuple et le prince touche à sa fin, tous les symptômes d'une révolution menacent l'état d'une dissolution prochaine, et la force seule peut en empêcher l'éclat. Dans cet état de choses , les peuples se croyent aisément déliés de leurs sermens , et l'égalité des droits prend dès-lors de la réalité; de chimère qu'elle paraissait être , elle devient pour chacun un sentiment de sa force et de sa dignité , et les choses rentrent dans l'état où les a trouvées le chef qui s'est mis à la tête d'une nouvelle dynastie. Son étoile n'a plus d'influence sur la masse , elle ne commande plus le respect aux peuples et aux individus, chacun croit en avoir une à lui et s'imagine être appellé à prendre les rênes de l'état , parce que l'illusion et le besoin fascinent les yeux à tous sur le néant de leurs moyens ; et souvent ce n'est que par des excès et des cruautés que ce sentiment trompeur d'une élévation passagère à laquelle ils aspirent , signale son existence.

Le grand homme qui au milieu de ces scènes d'horreur s'élève à la hauteur de sa destinée , est l'homme par excellence que la providence appelle à prendre les rênes de l'état, l'hommage des peuples s'attache à ses pas , il commande le respect et l'admiration a ceux-mêmes qui sont jaloux de le voir placé au premier rang : être privilégié tous les rapports des peuples semblent se confondre dans sa personne , et il en est le type et l'essence dans le génie qui lui inspire ses pensées et anime ses actions ! Toutes les classes de la société , tous ceux-mêmes que des talens éminens semblent élever au-dessus de lui s'empressent de reconnaître sa supériorité, et c'est à qui sera le premier à chanter ses louanges , à seconder ses vœux pour la prospérité publique et individuelle. C'est ici que commence la ligne de démarcation entre le besoin d'obéir et celui de commander dans lequel il est renfermé. L'égalité en droit cesse dès-lors de faire entendre sa voix , et le grand homme qui s'est mis à la tête de l'état semble avoir un droit particulier et qui diffère absolument de celui de la masse, puisque tous lui accordent une supériorité qu'il ne leur est plus permis de lui disputer. De souverains

qu'ils croyaient-être, ils se placent d'eux-mêmes au rang
de sujets et le droit de la nature commun à tous se fond
dans celui du prince qui n'en forme plus qu'un seul avec
ce droit, le principe de tous les autres. Dans cette situation
des choses, l'intérêt du prince semblerait devoir lui commander de prendre des mesures pour le transmettre à ses
descendans ; mais le grand problême de la garantie
sociale est aussi difficile à trouver que la quadrature du cercle,
et la durée des empires est l'ouvrage du hasard comme celle
des familles et des individus, qui dépend de mille circons-
constances qu'on ne saurait prévoir, et que font naître quelque fois les soins mêmes qu'on prend de les prévenir.

(E).

On ne sait pas trop quelle idée l'auteur attache à la représentation d'une non - souveraineté qu'il attribue au roi
d'Angleterre. Si les rois de ce pays sont limités dans l'exercice
de leurs droits, ce sort leur est commun avec tous les princes
souverains de l'Europe, à l'exception de celui du Danne-
marck qui n'a pas de loi au-dessus de lui, si ce n'est celle
de son intérêt, et des principes de civilisation répandus dans
toutes les cours, comme au sein de tous les peuples.

Le caractère particulier de toute les monarchies est de
reposer sur des lois fondamentales plus ou moins restrictives
des pouvoirs des souverains, et si les droits des princes sont
circonscrits, ils ne laissent pas toujours d'être la source de
tous les pouvoirs qui en émanent et tous se concentrent dans
leur personne. Les rois d'Angleterre ne représentent donc
pas moins une souveraineté aussi parfaite que celle des autres
princes, et s'il y a une différence entre la leur et celle de ces
derniers, c'est que la représentation de la souveraineté dont
aujourd'hui NAPOLÉON est le chef, repose sur l'égalité
politique des citoyens qui n'existe pas de même dans les
autres états de l'Europe. Ce n'est point dans cette idée qu'il

faut chercher la monstruosité du gouvernement d'Angleterre, mais bien dans sa dette, dans ses emprunts, dans une violation de tous les principes du droit des gens et de la morale qui en est le résultat.

(F).

L'art de régner est le comble de la perfection humaine, quelques grands princes l'ont apperçu de loin et les Titus, les Charlemagne, les Henry iv, feront toujours époque dans les annales du genre humain, et seront regardés, comme les maitres de cette science.

Si les rois d'Angleterre avaient pu prévoir les suites d'un système d'emprunt qui était bon pour le moment, ils se seraient sans doute gardé d'etablir dessus les bases de leur autorité: ils pouvaient atteindre ce but par d'autres moyens moins dangereux, et il faut croire que le tems donnera la clef de l'art de régner qui semble se personnifier dans l'un ou l'autre grand prince.

Cette clef serait peut-être un système de commerce bien combiné, basé sur les fortunes individuelles et de l'état et dont l'emploi serait dirigé vers le grand but du bonheur public et individuel, en y faisant servir toutes les forces physiques et morales de la nation d'après une subordination graduée sur les secours qu'elles empruntent les unes des autres relativement à l'objet sur lequel elles s'exercent: mais les soins de la tranquilité générale, l'emploi de la force et des deniers publics absorbent en grande partie l'attention des chefs des peuples, et ils ne peuvent, dans leur moralisation actuelle, remplir tous les devoirs d'un père de famille, qui consistent d'un côté à empêcher le mal et de l'autre à faire autant de bien que les dispositions de sa famille semblent devoir le permettre.

Ce même plan serait le modèle d'un gouvernement perpétuel du genre humain, il offrirait aux gouvernemens comme aux peuples une garantie parfaite de leurs droits ; il serait pour ceux-ci le germe d'un développement toujours croissant de force et de puissance. Toutes les modifications de l'esprit humain , toutes les perfections sociales à désirer y trouveraient leur compte ; et c'est ainsi que les droits du peuple et du prince fondus dans un même tout formerait à jamais un faisceau indestructible comme le tems qui en marquerait la force et la durée.

(G).

Ce tombeau n'en est peut-être un que pour les états qui se vendent à l'Angleterre et non pour ceux qui, à l'exemple du gouvernement français tendent à faire le bonheur de leurs peuples. Le français a vû décupler , centupler ses forces sous la république ; plus grand encore sous le règne de Napoléon , il a pris les ailes du tems pour venger l'honneur national outragé par les aigles autrichiennes. Cette heureuse époque sur le continent est celle de l'Angleterre sur mer , mais celle-ci est l'ouvrage des circonstances , celle-là l'ouvrage du génie qui plane sur la France et maitrise les évènemens.

L'homme qui a le sentiment de sa dignité fera bien dans tous les états qu'il embrasse : l'esclavage avait courbé la tête du français, il s'était même honoré d'adopter pour ses habillemens la couleur des excrémens du prince héréditaire , cet avilissement de l'esprit national a du avoir son terme ; et comme les deux extrêmes se touchent, il a du s'élever en raison de la bassesse qui avait marqué ses pas. Heureux s'il n'avait pas signalé cet essor par des exterminations qui ont flétri le nom français ! Mais ces écarts sont l'ouvrage de ses chefs, et la postérité placera toujours dans les tems fabuleux les exploits de nos guerriers qui, s'isolant de tous les partis ont sauvé la patrie. Ce sentiment de sa grandeur a élevé le soldat au rang des êtres surnaturels , et l'estime que lui a vouée son chef doit-être la terreur des ennemis de la nation française.

Le même sentiment inspire peut-être l'Anglais depuis qu'il existe une charte constitutionnelle qui assure ses droits, sa liberté et la gloire de son nom. C'est à ce sentiment et non à une séparation imaginaire des deux pouvoirs qu'il faut attribuer les suites que redoute notre auteur. L'anglais a l'illusion pour lui, la confiance dans sa charte constitutionnelle est le garant de son attachement à la patrie et au gouvernement, et la dette qui pèse sur lui a resserré ces liens de manière qu'il faut que l'état s'écroule plutot que de voir s'affaiblir ce ressort qui meut la machine politique.

(H).

On pense que l'auteur resserre dans de trop étroites limites le sujet qu'il avait à traiter. La chûte de la constitution d'Angleterre devait-être considérée dans les suites qu'elle entraine pour les quatre parties du monde et non pour l'Europe seulement. Le dégré de civilisation qu'elle avance ou recule est la mesure du bien ou du mal qu'elle opère, on ne peut en juger qu'en déterminant ce dégré par les faits qui l'ont précédé, et le passé et le présent donnent la solution de l'avenir.

Envisagée sous ce point de vue la question aurait acquis un plus haut dégré d'intérét, et les résultats auraient été peut-être encore plus satisfaisans.

(J).

Par le même motif que l'Angleterre aspire à l'empire des mers, au commerce de l'univers elle doit organiser un système général d'insurrection propre à amener la dissolution des états qui, étant divisés en une infinité d'autres lui offrent le moyen de les diriger à son gré. C'est ainsi que la liberté du monde sera son ouvrage, tout en voulant la destruction générale. On suppose que les hommes deviennent assez raisonnables pour en jouir sans regret.

(K).

Les difficultés d'anéantir la marine d'Angleterre ont dû paraître telles qu'elles sont à l'Empereur des Français. Ce motif a pu lui faire essayer d'obtenir ce résultat par des moyens indirects, mais non moins propres à atteindre ce but. Il fallait créer des marins, bâtir des vaisseaux, à force de pertes espérer de lutter avec succès contre une marine formidable. Ces succès étaient lents et le tems seul aurait pu les amener. Loin d'attendre ce terme NAPOLÉON a préféré de mettre le continent dans ses intérets, de créer un système fédératif qui assure la chûte du commerce de l'Angleterre en lui fermant tous les débouchés, tous les moyens propres à alimenter sa marine, à payer les intérêts de la dette publique et à faire de nouveaux emprunts pour prolonger le fléau de la guerre.

Ce système est infaillibe, il conduit aux mêmes résultats qu'aurait offerts la guerre faite au commerce anglais par des corsaires, sans coûter la vie à personne; il démoutre à toutes les puissances l'intérêt qu'elles ont à avoir leur part dans le commerce de l'univers, et à voir la liberté des mers former la base d'un nouveau pacte politique qui la leur garantisse.

(L).

On serait presque tenté de croire que la guerre de trente ans, la paix de Westphalie et toutes les guerres survenues depuis ont été l'ouvrage du cabinet britannique. En divisant l'Allemagne en une infinité de petits états, chaque prince avait un intérêt particulier en opposition avec l'intérêt général de l'empire. L'angleterre ne pouvant dominer l'Autriche qui, comme toutes les grandes puissances pouvait contrarier ses vues, devait s'efforcer de l'écraser, en soufflant au cardinal de Richelieu l'idée de soulever contre elle les

princes protestans et même les princes catholiques qui vou-
laient faire cause commune contre elle. Si NAPOLEON suit
une politique opposée, en faisant disparaître ces petits
princes pour faire place à de grands états, il ne peut avoir
en vue que de porter le coup de grace à l'Angleterre.

(M).

L'ambition de Rome, la doctrine du droit féodal, la division
de l'Europe en un grand nombre d'états, le systême d'équilibre de cette partie du monde, les guerres qui en ont été le
résultat, ont toujours paru aux philosophes une source in-
tarissable de maux pour l'espèce humaine, et sans songer au
bien qui en est résulté, ils n'ont vû que le mal du moment
qui marchait à la suite de ces différentes causes.

Certes, l'ambition de Rome a été dans le principe, un
fléau destructif de tous les sentimens de bienveillance qui
semblent devoir unir le genre humain ; mais sans cette ambition, sans les guerres éternelles qu'elle a enfantés, le monde
serait-il parvenu au dégré de civilisation qu'il devait atteiu-
dre ? L'art de la guerre a servi le genre humain, il a fait
applanir des montagnes, abattre des forêts, défricher la
terre, établir des routes de communication d'un bout du
monde à l'autre, des relations nouvelles entre des peuples
qui ne se connaissaient pas, l'échange de tous les besoins
et de tous les agrémens de la vie, un sentiment
universel de bienveillance, l'habitude de vivre en société,
une plus grande somme de jouissances, le sentiment de
surbordination, le sacrifice de l'intérét personnel à l'intérét
commun, une force expansive de toutes ces vertus, des sentimens généreux, un accord commun entre les hommes, un
concours et une tendance réciproque pour exécuter de grands
desseins, pour se surpasser, pour se survivre par des actions
d'éclat ou par des travaux opiniâtres, enfin le sentiment
de l'immortalité, l'héroïsme, l'homme rival des Dieux, ue

sont-ils pas sortis de cette lutte d'un peuple contre tous qui a succombé sous eux au moment que le Dieu des Germains jura sa perte.

Le même bienfait a été la suite de la division de l'empire romain et sur-tout de l'Allemagne en une infinité d'autres états qui par la force majeure des circonstances ont dû déployer toutes les ressources de l'art pour sortir de l'état d'abrutissement où leur isolement les avait réduits.

Le système féodal a fait défricher la terre, Il a établi un ordre social, un droit utile quoique imparfait, il a développé les germes de la sociabilité que l'homme apporte dans ce monde, il a fait reconnaître une espèce de dépendance entre les hommes, il a établi des liens de subordination et a conduit l'homme par gradation au développement de ses facultés, qui aurait amené sa destruction sous les chaines que ce droit leur a forgées . Sitôt que ces vues de la providence étaient remplies, sitôt que la terre défrichée , l'Europe entrainée à marcher vers un plus haut dégré de civilisation , les liens de la sociabilité et d'une bienveillance plus générale étendus avec force offraient la perspective d'un changement total dans l'esprit public , la perte du droit féodal était assurée et la découverte de l'Amérique devait l'amener par l'extension donnée à toutes les forces de l'homme, par une tendance générale à s'approprier les bienfaits de la nature et du génie des arts d'un pôle à l'autre.

De l'Imprimerie de ROUSSEAU, rue du Foin-St.-Jacques.

www.ingramcontent.com/pod-product-compliance
Lightning Source LLC
LaVergne TN
LVHW010333030726
842520LV00004B/1445